I0821316

Los sólidos

Los estados de la **Materia**

Aaron Carr y Jared Siemens

LIGHTBOX
openlightbox.com

Entre a
www.openlightbox.com
e ingrese el código único
de este libro.

CÓDIGO DE ACCESO

LBG39549

Lightbox es una completa solución digital para enseñar y aprender temas curriculares de una manera original e innovadora. Lightbox se basa en las Normas Curriculares Nacionales.

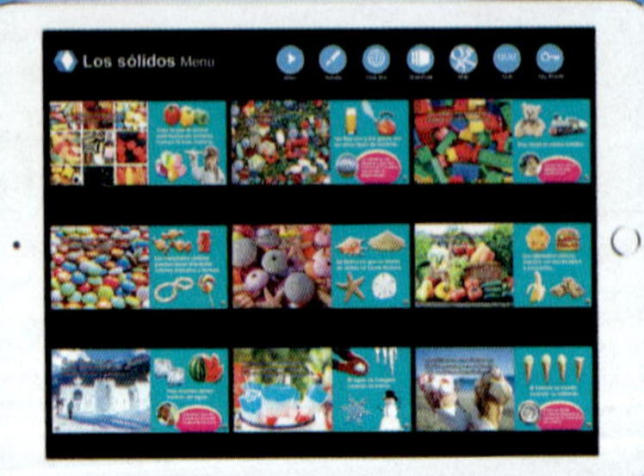

OPTIMIZADO PARA

- ✓ **TABLETAS**
- ✓ **PIZARRAS ELECTRÓNICAS**
- ✓ **COMPUTADORAS**
- ✓ **¡Y MUCHO MÁS!**

CARACTERÍSTICAS ESTÁNDAR DE LIGHTBOX

 **AUDIO** Narraciones de alta calidad con sistema de texto a voz

 **VIDEOS** Videoclips de alta definición incorporados

 **ACTIVIDADES** PDFs imprimibles que pueden enviarse por correo electrónico y calificarse

 **ENLACES WEB** Enlaces cuidadosamente seleccionados con recursos seguros para niños

 **PRESENTACIÓN EN DIAPOSITIVAS** Ilustraciones gráficas de los conceptos clave

 **MAPAS INTERACTIVOS** Mapas interactivos e imágenes satelitales aéreas

CUESTIONARIOS Diez preguntas de elección multiple con puntaje automático que se envían por correo electrónico al docente para su evaluación

 **PALABRAS CLAVE** Combinación de los conceptos clave con sus definiciones

VIDEOS

ENLACES WEB

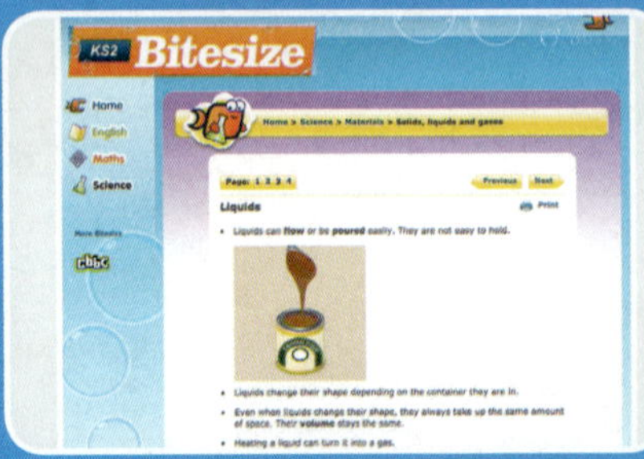

PRESENTACIÓN EN DIAPOSITIVAS

CUESTIONARIOS

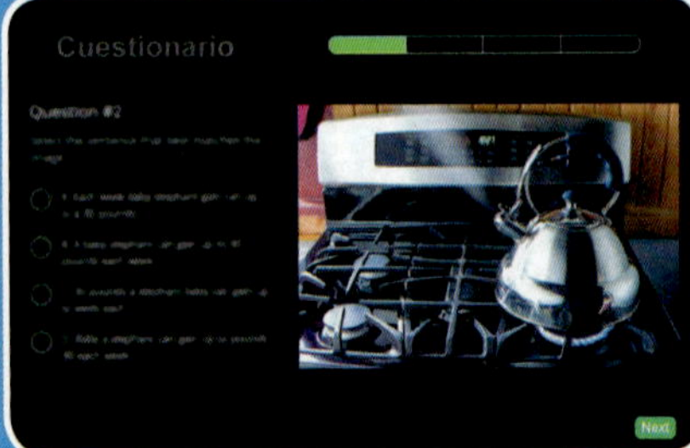

Los estados de la Materia

Los sólidos

ÍNDICE

La materia es algo que pesa y ocupa espacio.

Todo lo que te rodea está hecho de materia. Incluso tú eres materia.

Los sólidos son un tipo de materia.

Los líquidos y los gases son los otros tipos de materia.

Las montañas son sólidos muy grandes. El Denali es la montaña más grande de Estados Unidos.

Los sólidos tienen forma propia y ocupan espacio.

Hay muchas cosas sólidas.

El vidrio es un sólido a través del cual podemos ver.

Los sólidos pueden tener diferentes tamaños y formas.

Los caramelos sólidos pueden tener diferentes colores, tamaños y formas.

Los sólidos se sienten diferente al tacto.

La forma en que se siente un sólido se llama textura.

Los sólidos pueden ser duros o blandos.

Los alimentos sólidos pueden ser masticables o crocantes.

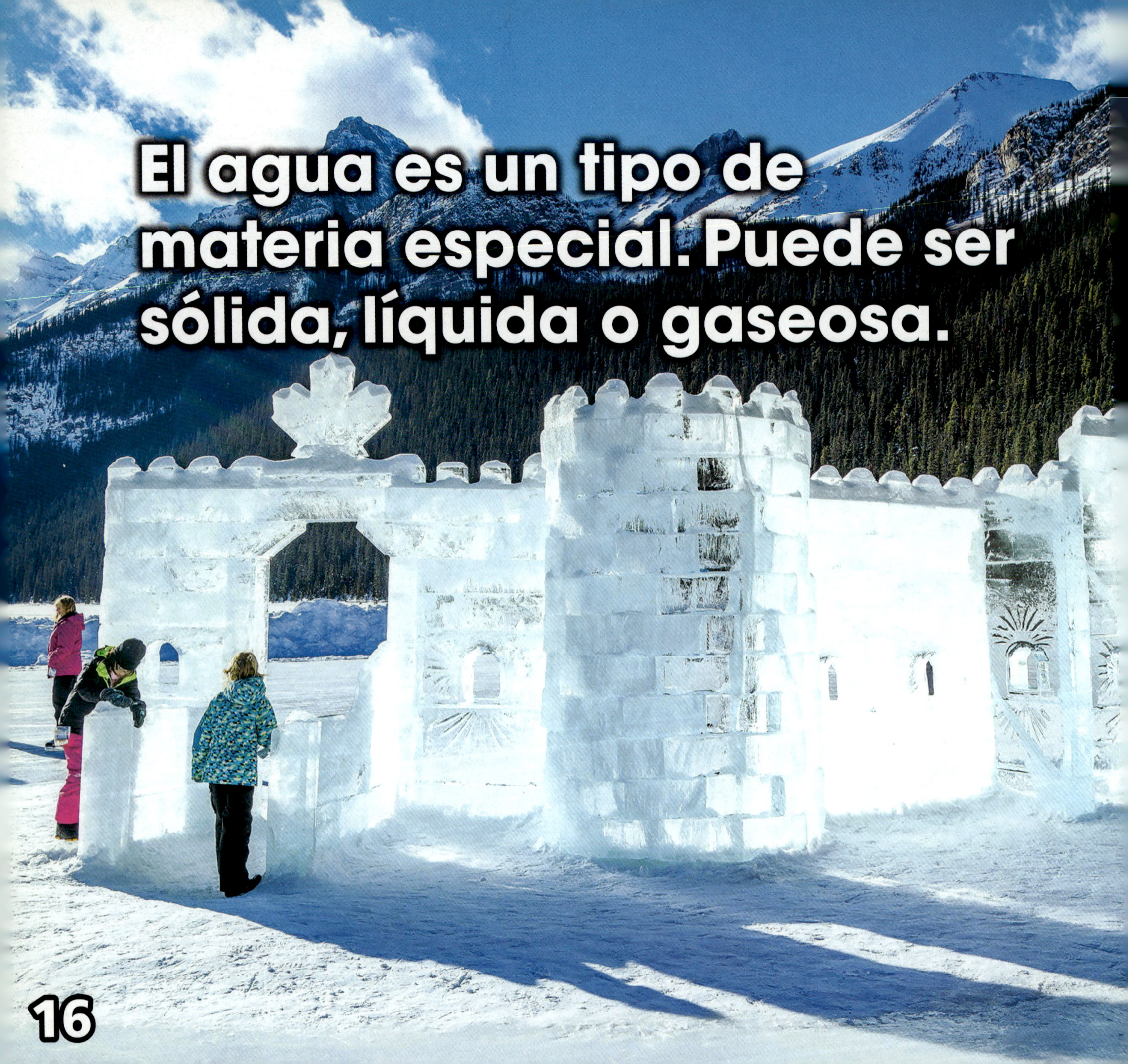

El agua es un tipo de materia especial. Puede ser sólida, líquida o gaseosa.

Hay muchas cosas hechas de agua.

Más de la mitad del cuerpo humano está compuesto por agua.

Los líquidos se convierten en sólidos cuando se enfrían. Esto se llama congelamiento.

El agua se congela cuando se enfría.

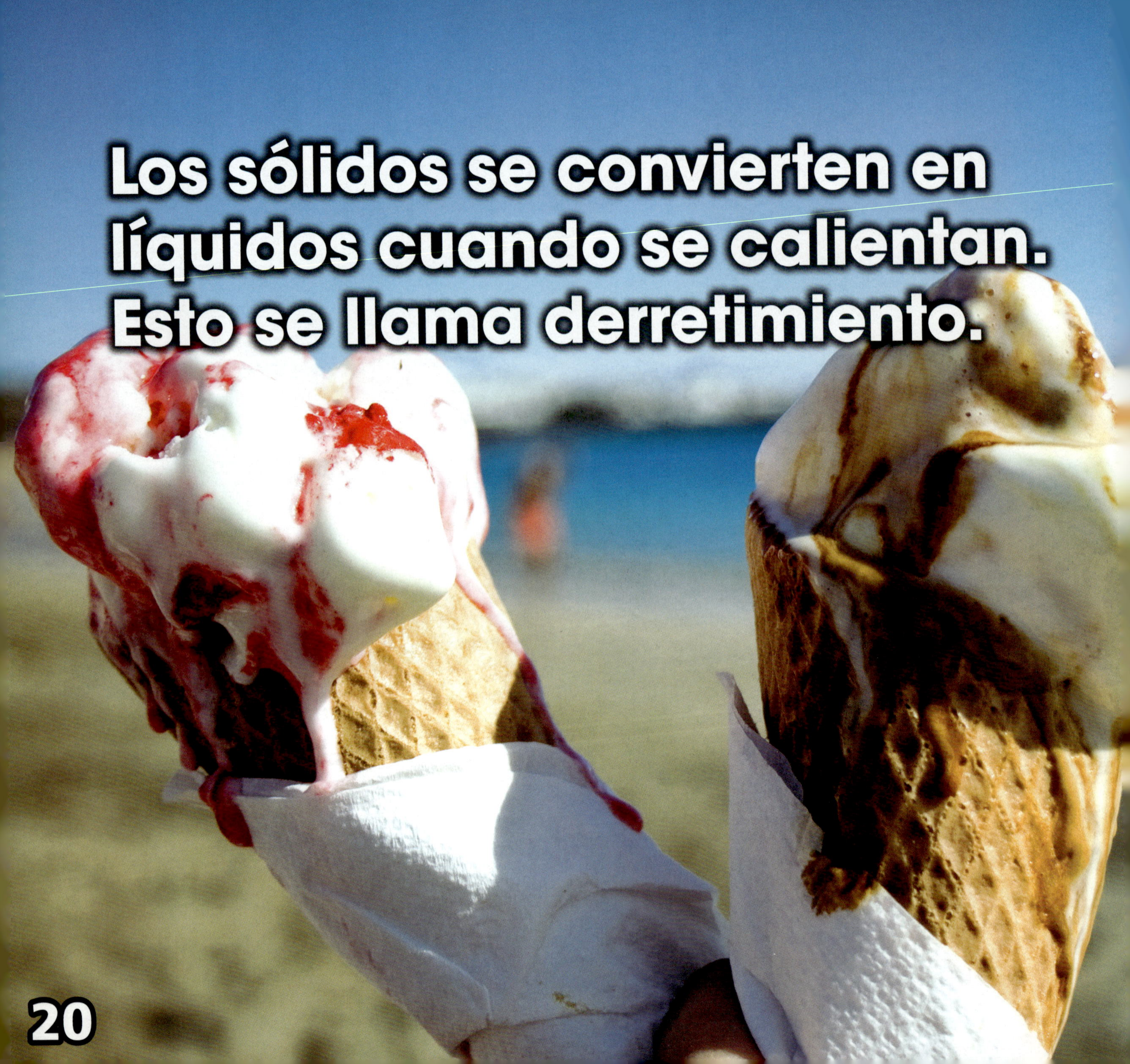

Los sólidos se convierten en líquidos cuando se calientan. Esto se llama derretimiento.

El helado se derrite cuando se calienta.

El hielo se derrite cuando la temperatura supera los 32° Fahrenheit. (0° Celsius)

¿Qué has aprendido sobre la materia?

¿Cuáles de estas cosas son sólidos?

¿Cuál de estas cosas es un gas?

¿Cuál de estas cosas es un líquido?

Published by Smartbook Media Inc.
350 5th Avenue, 59th Floor New York, NY 10118
Website: www.openlightbox.com

Library of Congress Control Number: 2016959152

ISBN 978-1-5105-2397-5 (hardcover)
ISBN 978-1-5105-2310-4 (multi-user eBook)

Printed in the United States of America in Brainerd, Minnesota
1 2 3 4 5 6 7 8 9 0 21 20 19 18 17

072017
062117

Spanish Project Coordinator: Jared Siemens
Spanish Editor: Translation Services USA
Project Coordinator: Jared Siemens
Art Director: Terry Paulhus

Every reasonable effort has been made to trace ownership and to obtain permission to reprint copyright material. The publisher would be pleased to have any errors or omissions brought to its attention so that they may be corrected in subsequent printings.

The publisher acknowledges Getty Images, Alamy, and iStock as its primary image suppliers for this title.